Inhalt

Nanotechnologie

Kernthesen

Beitrag

Fallbeispiele

Weiterführende Literatur

Impressum

GENIOS WirtschaftsWissen Nr. 02/2003 vom 28.02.2003

Nanotechnologie

I.Zeilhofer-Ficker

Kernthesen

- Der Nanotechnologie wird für die Zukunft der deutschen Forschung und Industrie eine Schlüsselrolle zugesprochen.
- Das Spektrum der Nanotechnologie verbindet Bereiche der Chemie, Physik, Biologie und Medizin mit technischen Disziplinen wie Energietechnik oder Maschinenbau.
- Breit eingesetzt werden die Erkenntnisse der Nanotechnik für die Produktion von Beschichtungen aller Art, für Kosmetika, für die Mikrochip-Herstellung sowie in zahlreichen medizinischen Applikationen.
- Es wird erwartet, dass durch die Erkenntnisse der Nanoforschung zahlreiche Produktionsverfahren revolutioniert werden

können.

Beitrag

Der Nanotechnologie wird für die kommenden Jahre eine Schlüsselfunktion für das Bestehen der deutschen Industrie auf dem Weltmarkt zugesprochen. Nicht nur deutsche, sondern auch amerikanische Experten sind der Ansicht, dass Deutschland auf dem Gebiet der Nanotechnologie führend ist. Von dieser Technologie und ihren Erkenntnissen werden die meisten Neuentwicklungen und die höchste Innovationskraft erwartet. (1)

Nanotechnologie - lange angewandt, jetzt erst erforscht

Dabei kann man die Nanotechnik nicht mehr als "junge" Technologie bezeichnen: hat doch schon der Nobelpreisträger Richard Feynman in einem Vortrag im Jahr 1959 ihre Möglichkeiten ausführlich beschrieben. (2)

Angewandt wird die Nanotechnologie aber schon viel länger. Bereits die alten Ägypter machten sich die Eigenschaften der "kleinen Teilchen" für die

Herstellung von Tinte zunutze. Im alten Rom wurde das als "Terra Sigillata" bekannte Keramikgeschirr mithilfe von Nanopartikeln glasiert. Auch viele der im Mittelalter entstandenen Kirchenfenster aus bunten Glasscheiben erhielten ihre Farbbrillanz durch die Materialeigenschaften von kleinsten Metallpartikeln. (3)

Kleinste Teilchen können erst seit der Erfindung des Rastertunnelmikroskops durch Gerd Binnig und Heinrich Rohrer im Jahr 1982 umfassend erforscht und damit für industrielle Anwendungen nutzbar gemacht werden. Durch dieses Mikroskop, für das die beiden 1986 den Nobelpreis erhielten, wurde es möglich, kleinste Moleküle und Atome sichtbar zu machen und sie gezielt zu manipulieren. (4)

Trotzdem steht die Nanotechnologie erst am Anfang: fast täglich werden neue Entdeckungen gemacht, neue Entwicklungen vorgestellt, die für neue Produkte, neue Werkzeuge, neue Diagnose- und Heilverfahren genutzt werden können. Manch ein Wissenschaftler geht sogar davon aus, dass die Erkenntnisse der Nanotechnologie eines Tages die gesamte Produktionstechnik revolutionieren werden. (5)

Was ist Nanotechnologie?

Die Nanotechnik hat ihren Namen von dem griechischen Wort für Zwerg "Nanos", und wird oft als Synonym für die Molekulartechnologie verwendet. Unter dem Begriff "Nanowissenschaften/Nanotechnologie" werden alle Arbeiten zusammengefasst, die sich im Nanometerbereich, also in kaum vorstellbarer Winzigkeit, abspielen. Ein Nanometer ist ein Millionstel Millimeter. Die Nanopartikel oder Nanostrukturen setzen sich aus 100 bis 100 000 Atomen oder Molekülen zusammen. Von Nanowissenschaft oder Nanotechnologie spricht man, wenn wenigstens eine Abmessung einer untersuchten oder bearbeiteten Struktur kleiner als 100 Nanometer (nm) ist. (6)

Die Nanowissenschaft ist interdisziplinär: Grundlagen der Physik, Chemie, Biophysik, Biologie und Medizin spielen ebenso eine Rolle wie beispielsweise Maschinenbau, Energie- und Halbleitertechnik. Dieser Querschnittscharakter erklärt, warum die Einsatz- und Anwendungsmöglichkeiten der Nanotechniken schier unerschöpflich scheinen. (7), (8)

Ausbildungszweig Nanotechnologie

Mehr und mehr Universitäten und Hochschulen gehen dazu über, Vorlesungen, Praktika oder Diplomstudien der Nanotechnologien anzubieten. Die beste Voraussetzung für einen Job im Bereich Nanotechnologie ist aber immer noch eine fundierte naturwissenschaftliche Ausbildung in Physik, Chemie oder Biologie. In Österreich bietet die Universität Linz den Studienschwerpunkt "Nanoscience and -technology" an, in Deutschland gibt es an der Uni Erlangen-Nürnberg das Studium "Molecular Sciences", das durch den Masterstudiengang "Molecular Nano Science" ergänzt werden kann. In Würzburg wird seit dem Jahr 2002 das Fach Nanostrukturtechnik angeboten. [(7)](), [(9)]()

Etablierte und potenzielle Anwendungsbereiche

Die speziellen Eigenschaften von Nanoteilchen werden bereits in verschiedensten Gebrauchsgegenständen des täglichen Lebens genutzt. Haushaltsgegenstände aus eingefärbtem

Glas findet man in fast jedem Haushalt, die meisten Brillengläser sind bereits mit kratzfester Beschichtung versehen. Kratzunempfindliche Lacke findet man ebenso, wie durch Nanopartikel wirkende Sonnecremes und andere Kosmetika.

Der medizinische Bereich könnte durch die Nanotechnologie revolutioniert werden. Bereits jetzt gibt es zahlreiche Entwicklungen, die sowohl die Diagnose, als auch die Heilverfahren gravierend ändern und verbessern.

Große Hoffnungen setzt man auch darauf, dass durch die Nanotechnologie neue, bessere Produktionsverfahren entwickelt werden können. Ein Produkt könnte Molekül für Molekül so aufgebaut werden, wie das Fertigprodukt schlussendlich aussehen soll, anstatt aus fertigen Materialien in aufwendigen Misch- und Verarbeitungsschritten hergestellt zu werden, wie das mit heutigen Methoden notwendig ist. (6)

Risiken

Es ist nicht von der Hand zu weisen, dass die Nanotechnologie auch Risiken mit sich bringt. Die Winzigkeit der Teilchen bewirkt, dass sie sich als

Feinststaub problemlos über den Globus verteilen können. Es ist allgemein bekannt, dass Feinstäube mit Partikeln, die kleiner sind als ein zehntausendstel Millimeter, das Sterblichkeitsrisiko erhöhen und die Entwicklung bestimmter Krankheiten begünstigen. Ein vorsichtiger Umgang mit der Technologie ist deshalb ebenso angesagt wie geschlossene Fertigungssysteme. (19)

Fallbeispiele

Chipherstellung

Schon seit vielen Jahren wird bei der Herstellung von Mikrochips im Nanometerbereich gearbeitet. Produzieren die besten Chipfabriken zurzeit noch Schaltungsstrukturen von 130 nm, so soll ab der zweiten Hälfte 2003 der erste 90-nm-Chip in die Serienfertigung gehen. Da das konventionelle fotolithografische Herstellungsverfahren bei diesen Größen an seine Grenzen stößt, sind umfangreiche Forschungen im Gange, um alternative

Produktionsverfahren zu finden, die noch kleinere Strukturen ermöglichen. Experimentiert wird mit weichen Röntgenstrahlen (EUV, Extreme Ultraviolet) und mit Elektronenstrahlen, die eine Auflösung bis zu 10 bis 20 nm ermöglichen sollen. (10)

Werkstoffentwicklung

Manche Metallpartikel in Nanometergröße haben die Eigenschaft, durch die veränderte Atompositionierung eine andere Farbwiedergabe zu erzeugen. Diese Eigenschaft nutzt man dazu, Gläser einzufärben. Kleinste Rußpartikel in Wasser gelöst ergeben die schwarze Tinte, die durch Beigabe von wasserliebenden Molekülen stabilisiert und verbessert wird. Rußpartikel sind außerdem zur Verstärkung von Gummireifen notwendig. Zinkoxyd in Nanometergröße wird als UV-Schutz den Sonnencremes beigefügt, Siliziumdioxydteilchen härten Lacke und Brillengläser aus Glas oder Plastik. (3) Klebstoffe, die mit superparamagnetischen Nano-Ferriten versetzt sind, ermöglichen das Verkleben und auch ein "Entkleben" auf Kommando. Dieser "Reißverschluss-Effekt" wird durch Aufheizen der

Klebstoffe auf eine bestimmte Temperatur durch Mikrowellen erreicht. (18)

Erforscht wird außerdem, wie man den Lotus-Effekt für die Wasser- und Schmutzabweisung durch eine Beschichtung mit Nanoteilchen von Bekleidung, Autos, Fenstern und Sanitäreinrichtungen erreichen kann. (3)

Getestet wird auch eine Beschichtung von Zähnen mit Hydroxylaptit, das einen Schutzfilm vor Bakterien errichten soll. Das Ziel ist hierbei die Entwicklung eines Stoffes, der angegriffenen Zahnschmelz wieder aufbaut und einfach durch Beimischung in die Zahnpasta aufgetragen werden kann. (11)

Im Bereich Umweltschutz setzt man ebenso viele Hoffnungen auf die Nanotechnologie. So wurde kürzlich eine Beschichtung aus Nanoteilchen vorgestellt, die, auf Schwimmbecken aufgesprüht, mit Hilfe des Sonnenlichtes eine ungefährliche Reinigung des Wassers bewerkstelligt. In Österreich ist man dabei, ein Nanopulver zu entwickeln, das mit Altlasten verunreinigte Böden reinigen, d. h. die darin enthaltenen Schadstoffe immobilisieren soll. (12)

Große Hoffnungen setzt man auch auf die weitere Erforschung von so genannten Nanoröhrchen. Diese winzigen, hohlen Kohlenstoffmoleküle sind zwar zwanzigmal so reißfest wie Stahl, andererseits aber außerordentlich flexibel und elastisch. Sie leiten Wärme extrem gut und setzen auch elektrischem Strom kaum Widerstand entgegen. Die potenziellen Anwendungsmöglichkeiten sind entsprechend vielseitig. Da es bereits gelungen ist, bis zu 30 Zentimeter lange, aber nur 200 Mikrometer dünne Kohlenstoff-Fäden aus Nanoröhrchen zu gewinnen, denkt man an die Herstellung von beispielsweise kugelsicheren Westen aus dem neuen Material. (13)

Anwendungen in der Medizin

Schon seit einigen Jahren macht man sich zunutze, dass medizinische Wirkstoffe über so genannte Nanokapseln direkt an den Ort im Körper gebracht werden können, an dem sie ihre Wirkung entfalten sollen. (14) Implantate beschichtet man mit Partikeln, die das Ansiedeln von körpereigenen Zellen begünstigen und somit eine Abstoßungsreaktion des Immunsystems unwahrscheinlicher machen. (3) Die Erkenntnisse der gesamten DNA-Forschung wurden durch die Nanotechnologien erst ermöglicht und beispielsweise die Sequenzierung von DNA wird durch Neuentwicklungen der Nanoforschung bald wesentlich beschleunigt werden können. (15)

Ein Pflaster aus Nanofasern von Fibrinogen, das beispielsweise nach Operationen im Körper verbleiben kann, ist kürzlich vorgestellt worden. In der Schweiz wird mit Hochdruck an einem Minisensor zur Frühwarnung vor einem Herzinfarkt gearbeitet. In Österreich ist man dabei, einen Biochip zu entwickeln, der als "Lab on the chip" über die Definition von Krankheitsindikatormolekülen die herkömmlichen Diagnoseverfahren verbessern und beschleunigen soll. Für Krankheiten wie Krebs, Alzheimer oder BSE soll damit in Kürze ein Früherkennungsverfahren zur Verfügung stehen. (16), (17)

Weiterführende Literatur

(1) Deutschland liegt in der Mikro- und der Nanotechnik vorn
aus Frankfurter Allgemeine Zeitung, 13.01.2003, Nr. 10, S. 17

(2) Wie einzelne Atome sichtbar werden
aus Frankfurter Allgemeine Zeitung, 19.02.2003, Nr. 42, S. N2

(3) Kleine Teilchen, ganz groß

aus Frankfurter Allgemeine Zeitung, 03.12.2002, Nr. 281, S. 9

(4) Schmid, Beat, Besser vermarkten, weiter forschen, HandelsZeitung, 03.01.2002
aus Frankfurter Allgemeine Zeitung, 03.12.2002, Nr. 281, S. 9

(5) Die Zukunftsmärkte beginnen mit den Silben Nano und Bio
aus Frankfurter Allgemeine Zeitung, 10.12.2002, Nr. 287, S. C3

(6) Preisinger, Irene, Tüfteln an Nanomaschinen - zehntausendfach dünner als Haare - Helferlein aus der Zwergenwelt, LVZ/Leipziger-Volkszeitung, 22.01.2003, S. 9
aus Frankfurter Allgemeine Zeitung, 10.12.2002, Nr. 287, S. C3

(7) Bauer, Günther Prof. Dr., Kepler Uni: Neuer Studienschwerpunkt "Nano-Science und -Technology", Oberösterreichische Nachrichten, 31.12.2002
aus Frankfurter Allgemeine Zeitung, 10.12.2002, Nr. 287, S. C3

(8) Holzamer, Hans-Herbert, Software ist Motor, Nano die Vision, Süddeutsche Zeitung, 15.02.2003, Ausgabe Deutschland, S. V1/13
aus Frankfurter Allgemeine Zeitung, 10.12.2002, Nr. 287, S. C3

(9) Perspektiven gibt es in der Nanowelt in Hülle und Fülle
aus Frankfurter Allgemeine Zeitung, 07.12.2002, Nr. 285, S. 55

(10) Beuthner, Andreas, Feinere Chipstrukturen verlangen neue Belichtungsverfahren - Röntgen- oder Elektronenstrahlen stehen zur Wahl - Lithografie im Umbruch, Computer Zeitung, Heft 50, 2002, S. 20
aus Frankfurter Allgemeine Zeitung, 07.12.2002, Nr. 285, S. 55

(11) Am Anfang einer neuen Epoche
aus Frankfurter Allgemeine Sonntagszeitung, 19.01.2003, Nr. 3, S. 39

(12) Prazak, Robert, Ein Pulver gegen den Schmutz - Altlasten-Sanierung mit Miniatur-Körnern wird im Forschungszentrum Seibersdorf erforscht, WirtschaftsBlatt, 11.12.2002, Nr. 1767, S. A30
aus Frankfurter Allgemeine Sonntagszeitung, 19.01.2003, Nr. 3, S. 39

(13) Fußbälle und Zylinder aus der Nanowelt
aus Frankfurter Allgemeine Zeitung, 04.12.2002, Nr. 282, S. N1

(14) Neue Werkzeuge für Mediziner Wie die Nanotechnologie Genetikern hilft, zeigen Forscher auf der Tagung "Biotrends"
aus FTD Financial Times Deutschland vom 13.02.2003, Seite 33

(15) Farbige Laserstrahlen sortieren Nanoteilchen
aus netzeitung.de vom 17.02.2003

(16) Nanotechnik gegen den Herzinfarkt
aus netzeitung.de vom 09.01.2003

(17) Mascher, Dietmar, biomedizinische nanotechnologie: Vaterschaftstest und Pardonotose-Check in Minuten - Labor auf einer winzigen Glasplatte, Oberösterreichische Nachrichten, 03.12.2002
aus netzeitung.de vom 09.01.2003

(18) Stauß, Olaf, Klebstoffverband Feica sieht großes Einsatzpotenzial im Maschinenbau - Klebefuge soll auf- und zugehen wie ein Zipper, Industrieanzeiger, Heft 50, 2002, S. 56
aus netzeitung.de vom 09.01.2003

(19) Ökorevolution von unten
aus Frankfurter Allgemeine Zeitung, 23.01.2003, Nr. 19, S. 35

Impressum

Nanotechnologie

Bibliografische Information der deutschen Nationalbibliothek

Die Deutsche Nationalbibliothek verzeichnet diese Publikation in der deutschen Nationalbibliografie; detaillierte bibliografische Daten sind im Internet über http://dnb.d-nb.de abrufbar.

ISBN: 978-3-7379-1021-7

© 2015 GBI-Genios Deutsche Wirtschaftsdatenbank GmbH, Freischützstraße 96, 81927 München, www.genios.de

Alle Rechte vorbehalten. Dieses Werk ist einschließlich aller seiner Teile – z.B. Texte, Tabellen und Grafiken - urheberrechtlich geschützt. Jede Verwertung außerhalb der Grenzen des Urheberrechtsgesetzes bedarf der vorherigen Zustimmung des Verlags. Dies gilt insbesondere auch für auszugsweise Nachdrucke, fotomechanische Vervielfältigungen (Fotokopie/Mikroskopie), Übersetzungen, Auswertungen durch Datenbanken oder ähnliche Einrichtungen und die Einspeicherung und Verarbeitung in elektronischen Systemen.